Docteur P. ORSSAUD

Contribution à l'Etude des Myopathies

MONTPELLIER
G. FIRMIN, MONTANE ET SICARDI

CONTRIBUTION A L'ÉTUDE

DES

MYOPATHIES

PAR

Paul ORSSAUD

DOCTEUR EN MÉDECINE

ANCIEN EXTERNE DES HÔPITAUX
ANCIEN INTERNE LAURÉAT DES HÔPITAUX ET DE LA CLINIQUE
D'ACCOUCHEMENTS
LAURÉAT DE L'UNIVERSITÉ

MONTPELLIER
G. FIRMIN et MONTANE, IMPRIMEURS DE L'UNIVERSITÉ
Rue Ferdinand-Fabre et Quai du Verdanson
—
1902

A LA MÉMOIRE DE MA MÈRE

A MON PÈRE

A MA SŒUR, A MON BEAU-FRÈRE

P. ORSSAUD.

A MON PRÉSIDENT DE THÈSE

M. LE PROFESSEUR GRASSET

A M. LE PROFESSEUR BAUMEL

P. ORSSAUD.

A MES PREMIERS MAITRES

MM. les Professeurs-Agrégés

RAUZIER, LAPEYRE, JEANBRAU

P. ORSSAUD.

A MES MAITRES DANS LES HOPITAUX

Messieurs

Forgue, Mairet, Estor, Carrieu, Truc, Puech, Tédenat

QUI M'ONT INSTRUIT, ENCOURAGÉ, AIMÉ

Je dédie cet humble hommage de ma grande reconnaissance.

P. ORSSAUD.

A MES CAMARADES D'INTERNAT

MEIS ET AMICIS

P. ORSSAUD.

CONTRIBUTION A L'ÉTUDE

DES

MYOPATHIES

INTRODUCTION

Nous avons eu la bonne fortune, en octobre 1901, d'observer dans le service de M. le professeur Grasset, dont nous avions alors l'honneur d'être l'interne, un cas d'atrophie musculaire progressive, d'origine myopathique, présentant le type classique facio-scapulo-huméral décrit par Landouzy-Déjerine.

Etudier la distribution et le degré de cette atrophie musculaire, rechercher au repos les déformations qu'elle entraîne par la disparition des saillies musculaires ou le relâchement des articulations, observer les modifications dynamiques que les mouvements impriment aux membres et au tronc, nous a paru digne d'intérêt.

Un peu plus tard, entraient à la Clinique médicale infantile de M. le professeur Baumel, deux nouveaux cas de myopathie chez des enfants qu'il nous a été permis d'observer, grâce à l'extrême obligeance du chef de service.

Aussi aujourd'hui que des circonstances impossibles à prévoir nous obligent à mettre un terme à nos études médicales et à finir notre internat, nous publions dans notre thèse inaugurale, ces trois cas de myopathie.

Nous avons pensé que c'était un des avantages de l'Internat de permettre de recueillir des observations personnelles de cas, somme toute, assez rares, — qu'il était presque un devoir de les analyser consciencieusement et de les réunir, en les publiant, au fond commun du patrimoine scientifique.

Notre tâche est assurément moins vaste que si nous entreprenions une revue générale de la question ; mais si elle est plus modeste, elle n'est pas moins utile. Son ambition est d'établir des faits cliniques immuables, caractère que les revues générales, traduisant les impressions d'un moment, discutant les théories, ne revêtent pas toujours.

D'ailleurs, en dehors de la difficulté de l'œuvre, il ne nous paraît pas que le moment soit propice à une revue générale sur les myopathies.

Actuellement, le dossier clinique de la myopathie est de nouveau à l'étude. Chaque jour l'enrichit de faits nouveaux assez dissemblables ; l'heure n'est pas encore venue de porter des conclusions.

La question des amyotrophies reste imprécise et embrouillée, en raison de la multiplicité et de la diversité des formes chaque jour mieux connues.

Après les avoir divisées en formes trop nombreuses, on tend, de nouveau, à les englober sous une étiquette très vaste et très vague, sans précision anatomique.

C'est que le temps est loin où Duchenne, de Boulogne, présentait à l'Institut, en 1849, son mémoire sur « l'atrophie musculaire progressive », qui, pour la première fois, prenait place dans le domaine des maladies nerveuses. Charcot, le premier, montra que cette étiquette couvrait des types morbides trop distincts, et du bloc créé par l'observation de Duchenne il détacha un certain nombre d'entités morbides, très réellement isolables.

Même parmi les myopathies, il importait de distinguer. Les résultats des autopsies, qui tantôt montraient des lésions des cordons antérieurs de la moelle, tantôt l'intégrité complète de celle-ci, imposèrent une première division anatomique. On distingua les amyotrophies primitives ou myopathies et les amyotrophies secondaires ou myélopathies. La séparation sembla d'autant mieux tranchée que la clinique la confirmait. Les amyotrophies myélopathiques ou d'origine nerveuse présentent la réaction de dégénérescence, les contractions fibrillaires, l'envahissement des membres par leurs extrémités ; elles apparaissent chez l'adulte. Dans les myopathies, au contraire, ni réaction de dégénérescence, ni contractions fibrillaires, mais l'envahissement des membres par la racine, l'atteinte de sujets jeunes, souvent de la même famille.

Mais bientôt le domaine des myopathies primitives, nouvellement délimité, se morcelle encore ; des types cliniques sont créés, caractérisés chacun par des localisations particulières des lésions musculaires. Chaque caprice de la distrophie amène, en quelque sorte, la création d'une forme nouvelle : Paralysie pseudo-hypertrophique de Charcot-Duchenne et paralysies atrophiques progressives à types multiples, facio-scapulo-huméral de Landouzy-Déjerine, pelvien de Leyden-Mœbius, brachial ou juvénile d'Erb, fémoro-tibial sans pseudo-hypertrophie d'Eichorst, scapulaire de Zimmerlin.

Mais cette terminologie patronymique n'a eu qu'un temps. La clinique montra bientôt que la variété des groupes musculaires primitivement atteints est indéfinie. Une forme très nette, à localisation limitée, peut bientôt par la généralisation de l'atrophie perdre tout caractère distinctif et toute autonomie. — Les cas de transition s'observaient de plus en plus fréquemment ; il devenait difficile d'assigner une place à chacun dans les cadres primitivement établis, car ce morcellement extrême des myopathies, séparées déjà des myélopathies, était forcément insuffisant. Charcot arrêta les excès de cette dissociation, en écrivant sa Revision nosographique des atrophies musculaires, en 1885. — Toutes les myopathies furent réunies sous l'étiquette nosographique de « myopathie primitive progressive. » En Allemagne, Erb était frappé aussi de pareils abus ; il réunissait toutes les formes sous le titre de dystrophies musculaires progressives. Donnant l'exemple, il mettait en évidence de nombreux points de contact de la forme brachiale qu'il avait décrite chez les adolescents, avec la paralysie pseudo-hypertrophique. Peu de temps après, Brissaud publiait un cas, Guinon en publiait deux, de « myopathie progressive à type Landouzy-Déjerine avec pseudo-hypertrophie de certains muscles ».

On allait même remonter plus haut vers le passé. La division en atrophies myopathiques et myélopathiques, depuis longtemps acceptée par tous, était à son tour attaquée. En 1886, Charcot et Pierre Marie décrivirent la forme qui porte leur nom, qui sert de trait d'union aux deux grands groupes d'amyotrophie. Dans cette forme on rencontre les caractères distinctifs de l'atrophie myélopathique : les secousses fibrillaires, les réactions de dégénérescence. Ces signes se combinent si bien chez le même individu qu'Hoffmann admet la double origine (muscles et moelle) dans certains cas d'amyotrophie qu'il appelle « atrophie musculaire progressive neurotique ». Cette hypothèse de la double origine de l'amyotrophie expliquerait seule les cas où le tronc et les membres paraissent présenter de l'atrophie myopathique et où la face, atrophiée aussi, présente seule la réaction de dégénérescence et les contractions fibrillaires.

A Montpellier même, nos amis, les docteurs Abadie et

Denoyès, publièrent, en 1900, une observation très remarquable, prise dans le service de M. le professeur Baumel. Il s'agissait d'un enfant, sans hérédité nerveuse, mais présentant les stigmates physiques de dégénérescence étudiés spécialement par Déjerine. Dès le tout jeune âge, il présenta de l'atrophie musculaire qui débuta aux membres inférieurs pour ne s'arrêter qu'à la face exclusivement. On n'observait chez lui aucune contraction fibrillaire, mais une réaction de dégénérescence nette, de la lenteur des secousses à l'examen électrique.

Ces cas cliniques échappent donc à tout essai de classification. D'abord, les barrières entre les diverses formes de myopathies doivent être renversées, puisque nombre de cas présentent ou des formes non décrites, — et il pourrait y en avoir autant que de groupes musculaires, — ou bien des formes combinées.

Mais, de plus, certains cas exigeraient même la suppression de la division en myélopathies et myopathies, établie au début par Charcot dans le bloc des atrophies musculaires progressives surgi du cerveau de Duchenne. Si la clinique y forçait les neuro-pathologistes, comme elle vengerait Duchenne des attaques virulentes de l'école moderne, de Pierre Marie en particulier, qui d'un trait de plume biffait des traités de pathologie tout le chapitre du type Aran-Duchenne et mettait l'atrophie musculaire progressive au rang des « vieilles lunes » ou des « sépulcres blanchis » !

Au milieu de ces classifications si embrouillées, il ne convient pas de se prononcer. La clinique d'ailleurs, par ses données troublantes, semble se jouer à ébranler les classifications le plus péniblement établies. Une conclusion s'impose : c'est que la question n'est pas fixée. La clinique a besoin de faits, l'anatomie pathologique de recherches pour l'éclairer un jour. C'est ce qui nous a déterminé à publier ces trois observations personnelles, recueillies dans les cliniques de Montpellier, à porter ainsi notre modeste pierre à l'édifice.

OBSERVATION PREMIÈRE

MYOPATHIE ATROPHIQUE PROGRESSIVE A TYPE FACIO-SCAPULO-HUMÉRAL DE LANDOUZY-DÉJERINE.

Inertie classique du faciès : altérations des mouvements de la face, en particulier des paupières et des lèvres. Lagophtalmie, épiphora, sifflet dentaire. Rire en travers. — Omoplates ailées, chute de l'épaule, atrophie des bras. — Déformations thoraciques, thorax en entonnoir, taille de guêpe, ensellure lombaire. — Démarche particulière. — Pas de D. R. ni de contractions fibrillaires. — Amaigrissement général.

Le 31 octobre, entre, salle Fouquet, n° 18, le nommé M..., portefaix, âgé de 29 ans.

Il se plaint d'une poussée aiguë de pleuro-bronchite grippale qui évolue classiquement et disparaît au bout de quelques jours, laissant une légère induration du sommet droit, qui reste suspect de bacillose pour l'avenir.

Mais en examinant le malade, on s'aperçoit de suite qu'il présente de l'atrophie musculaire, avec prédominance du type Landouzy-Déjerine.

Ce qui frappe de prime abord chez cet homme, c'est le facies ; il présente tous les caractères du facies myopathique, facies figé, sans la moindre mobilité, où l'on recherche en vain une expression de physionomie.

Il ne reflète aucun sentiment et ne s'anime pas lorsqu'on fait causer le malade. Ce facies est un masque raide et stupide. Le front, d'un poli d'ivoire, se ride à peine de sillons transversaux quand, la tête maintenue dans la verticale, M... cherche avec effort à regarder le plafond ; immobilité complète du cuir chevelu par atrophie de l'occipito-frontal et cependant le sourcilier et le pyramidal du nez sont conservés.

Cette inertie, nous la retrouvons dans tous les muscles de la face, et surtout à droite. La figure est un peu de travers, les traits tirés à gauche, la commissure labiale droite un peu relevée, la gauche un peu abaissée ; on croirait à une diplégie faciale, si certains muscles n'étaient encore à peu près normaux, le releveur de la paupière supérieure, le buccinateur par exemple. Les autres muscles peaussiers sont atrophiés.

Nous avons devant nous non un paralytique, mais un atrophique.

Etudions ces lésions trophiques des muscles de la face et les troubles fonctionnels qu'ils déterminent.

Les narines, d'abord, restent immobiles dans la respiration normale comme dans le humage d'un parfum. La bouche est déformée aussi bien au repos que dans les efforts de la mimique. Au repos, la fente buccale élargie laisse voir les arcades dentaires sur presque toute leur hauteur.

Les deux lèvres semblent épaissies, à contour grossièrement modelé, à peu près immobiles, la supérieure, légèrement éversée et proéminente : c'est la lèvre de tapir. L'inférieure dessine un bourrelet en forme de rebord de pot de chambre, elle est pendante et laisse échapper de la salive par les commissures au moindre effort fait par le malade. Ces commissures ne sont plus attirées en haut par les zygomatiques.

La lèvre supérieure ne se relève pas : plus de releveur, plus de myrtiforme.

Le buccinateur attire encore en arrière la commissure labiale, mais l'atrophie des quatre orbiculaires est manifeste.

Aussi tous les jeux de physionomie, et ils sont nombreux, tous les actes physiologiques, dans lesquels ces orbiculaires entrent en jeu, sont incomplets ou abolis.

Jamais les lèvres n'arrivent à se froncer, ni à modeler leur contour, ni à s'arrondir.

Leur immobilité ne permet ni le sifflet labial, ni de souffler, ni de cracher; pour siffler, M..., les lèvres écartées et transversales, chasse avec effort par les buccinateurs intacts l'air expiré entre la langue et les dents : c'est le *sifflet dentaire* qu'on entend, mais qu'on ne voit pas. Quand il souffle, la fente de la bouche, loin de s'arrondir, s'allonge transversalement.

Le buccinateur agissant, la colonne d'air refoule fortement les lèvres en avant, mais là elle se divise et s'affaiblit. Le malade n'arrive pas à souffler une bougie. Quand il fume, la fumée sort par toute l'étendue de la fente buccale et les lèvres sont encore refoulées comme des rideaux flottants. Pour cracher, il lance au loin, en soufflant avec force, la salive placée sur la langue roulée en gouttière ; il ne peut, enfin, faire le simulacre du baiser, ni sucer ; certainement, si cette atrophie avait été congénitale, il n'aurait pas pu téter.

La prononciation des labiales ne se fait qu'avec l'aide du buccinateur; celui-ci tire sur les commissures, allonge ainsi les faisceaux atrophiés des orbiculaires mis au contact, et permet ainsi une tension suffisante de l'orifice buccal. Les yeux sont largement ouverts (et inégalement), grâce à l'intégrité des releveurs de la paupière supérieure. Les globes oculaires paraissent saillants, mais sans exophtalmie. Des rides transversales, parallèles aux bords libres des paupières, remplacent la saillie des deux orbiculaires supérieurs et inférieurs, dont l'atrophie presque complète se manifeste, en outre, par la légère saillie des globes oculaires entraînés en avant par leur propre poids et qu'aucune barrière musculaire ne retient dans l'intérieur de l'orbite. Nous sommes frappé aussi par la lagophtalmie qu'il nous présente.

Malgré les plus grands efforts, le malade n'arrive pas à clore les paupières, il lui est impossible de les mettre en contact; toujours subsiste la fente palpébrale au travers de laquelle, sur une hauteur de deux à trois millimètres, on aperçoit la sclérotique. Le malade dort, par suite, les yeux ouverts, la cornée basculée en haut, derrière la paupière supérieure, la fente palpébrale encore agrandie par le relâchement musculaire.

Le moindre effort suffit pour relever les paupières incomplètement abaissées et vaincre la contraction forcée mais inefficace de l'orbiculaire atrophié.

L'œil droit est moins saillant que le gauche, qui a sa fente palpébrale rétrécie au niveau de l'angle externe par une opération d'ectropion faite à la clinique ophtalmologique. Quant à la musculature externe de l'œil, elle est absolument normale. A noter l'atrophie du muscle de Horner ; le malade se plaint d'épiphora.

Veut-il sourire, la lèvre inférieure s'aplatit et semble se tendre, tandis que la supérieure fait de plus en plus saillie en avant. Si on l'excite à rire *à lèvres déployées*, au lieu d'avoir le rire arrondi comme normalement, grâce à l'élévation des commissures et à la légère incurvation à convexité inférieure de la lèvre supérieure; *il rit en travers,* le peaussier du cou et le risorius de Santorini élargissent sa fente buccale et aplatissent les lèvres ; son rire n'est pas le rire franc, intelligent, gai, *le rire en haut et en dehors.*

C'est un rire singulier, qui surprend par son étrangeté même, car il jette sur toute la physionomie quelque chose de triste et de niais. Les muscles de la houppe et carré du menton sont légèrement atteints. L'atrophie de l'ensemble des peaussiers de la face lui donne toutes les peines du monde pour faire la grimace, surtout à droite où elle est à peu près impossible. Combien s'exagère et frappe plus encore cet aspect bêta du visage avec sa fixité de masque de cire, le pseudo-exorbitisme oculaire, la projection des lèvres entr'ouvertes et immobiles, quand on regarde le malade de profil! Les quatre muscles masticateurs sont normaux, ainsi que la musculature du voile du palais, du pharynx, du larynx; ici point d'anomalie trophique, point de troubles fonctionnels.

Etudions maintenant les troubles de la ceinture scapulaire.

Au cou amaigri, nous trouvons des groupes musculaires atteints, d'autres presque normaux (les muscles profonds, ceux des régions latérale, prévertébrale, cervicale). La preuve de l'activité fonctionnelle de ces derniers, c'est que la tête se maintient droite et bien plantée sur les épaules et conserve sa mobilité en tous sens. Dans certaines myélopathies, au contraire, l'atrophie progressive myélopathique par exemple, la tête est branlante en tous sens ou bien penchée en avant dans une flexion passive.

Mais il n'en est pas de même des muscles superficiels, de ceux qui jouent vraiment un rôle dans la constitution de la ceinture scapulaire, le sterno-cléido-mastoïdien et surtout le trapèze. En avant, à chaque inspiration, on voit à travers le faisceau claviculaire du sterno-cléido-mastoïdien, réduit à l'épaisseur d'un voile, la forte saillie de l'aponévrose cervicale moyenne tendue par les omo-hyoïdiens.

Les faisceaux sternaux se sentent sous le doigt et surtout se voient dans les mouvements conservés de la tête, à droite, à gauche et de flexion en avant. En arrière, le trapèze affaibli ne soutient plus, à droite surtout, *le moignon de l'épaule qui est complètement tombant.*

L'arc-boutant claviculaire attaché en dedans à son articulation sternale relâchée, presque complètement dépouillée de tout muscle en haut, va devenir oblique en bas et en dehors ; au-dessous de lui se creuse le vide produit par l'atrophie des pectoraux et du deltoïde et il remplit à lui seul de sa saillie sous-cutanée la partie supérieure et latérale du thorax, si riche en proéminences musculaires chez l'homme sain et musclé.

L'épaule tombe entraînée par son propre poids, l'omoplate la suit dans son mouvement de descente, et l'abaissement de la cavité glénoïde entraîne l'abaissement de la tête humérale

Telle est cette chute du moignon de l'épaule, qu'au lieu de se trouver sur une horizontale passant à peu près par le bord supérieur du sternum, les deux acromions se trouvent : le gauche à 2 centim. 1|2 au-dessous de cette ligne, le droit à 7 centimètres ; l'épaule droite est plus tombante à cause d'une scoliose dorsale à convexité gauche; le diamètre bisacromial égale 38 centimètres. La déformation qui s'ensuit est considérable, les épaules ne présentent plus la courbe arrondie du deltoïde qui matelasse de fibres musculaires les dépressions sous-jacentes et fait disparaître la saillie des masses osseuses (acromion, clavicule, tête humérale).

Ici, l'inspection seule permet de se rendre compte de la forme des masses osseuses qui constituent le squelette de l'épaule. Ce relâchement enfin de la ceinture humérale entraîne une nouvelle déformation : c'est *l'aspect ailé des omoplates.*

Par suite de l'abaissement en avant de la cavité glénoïde, qui est à l'angle externe du scapulum, les angles supéro-interne et inférieur se sont élevés, celui-ci s'est de plus porté en arrière.

La face antérieure de l'omoplate, qui normalement est parallèle au gril costal, s'est écartée du thorax contre lequel elle est appliquée et forme avec lui un angle aigu, ouvert en dedans. Elle n'a pas été retenue d'ailleurs par les muscles insérés sur son bord interne (le grand dentelé, les deux rhomboïdes, l'angulaire de l'omoplate) qui, atrophiés, sont complètement relâchés. Cet angle inférieur soulevé va former dans le dos une énorme saillie en forme d'ailes : ce sont les *scapulæ alatæ* classiques.

Sous ces ailes on peut introduire la main, et cet écartement mesure jusqu'à cinq centimètres à gauche. L'angle inférieur de l'omoplate s'est non seulement écarté de la paroi thoracique, mais, par suite de la nouvelle direction du bord interne, normalement parallèle à la colonne vertébrale, devenu ici, par suite du mouvement de bascule, très oblique, en bas, en dedans et en arrière, cet angle inférieur s'est rapproché de la ligne médiane. L'angle supérieur en est séparé de 10 centimètres à gauche, de 8 centimètres à droite, tandis qu'à la pointe nous n'avons que 8 centimètres à gauche, 6 à droite. La différence de ces nombres pour un même côté indique le nombre de centimètres dont le bord interne s'est incliné en bas et en dedans ; leur différence pour une même hauteur (angle supéro-interne, angle inférieur), est due à la scoliose à convexité gauche de la colonne dorsale. Ces deux angles se sont, de plus, élevés à tel point que le supéro-interne vient faire saillie dans le triangle susclaviculaire ; il forme là une tumeur beaucoup plus accusée à droite qu'à gauche (à cause encore de la scoliose), tumeur qui est très frappante quand on regarde le malade de face.

En résumé, au point de vue statique, cette amyotrophie-scapulo-humérale déforme l'épaule en produisant sa chute, sa projection en avant, en mettant à nu ses dépressions et ses saillies et détermine la disposition ailée des omoplates.

A l'examen des membres supérieurs, on est tout de suite frappé par la gracilité des bras et son contraste avec l'avant-bras à peu près normal. L'atrophie a détruit le bras comme l'épaule, elle y paraît même plus manifeste; sur toute la hauteur, c'est un cylindre allongé, de si faible diamètre, qu'il joue dans l'anneau formé par le pouce et l'index.

A peine si au niveau du deltoïde un relief plus accusé déforme la parfaite régularité du cylindre cutané, habillant amplement l'humérus. L'avant-bras, au contraire, a conservé sa physionomie normale. La saillie des épitrochléens et des épicondyliens se dessine avec netteté, le manchon cutané revêt d'assez près l'avant-bras amaigri, mais non atrophié. Abaissé par la chute de l'épaule, le bras pend de chaque côté du tronc dans une extension incomplète pour l'avant-bras que le biceps rétracté fléchit légèrement.

Le deltoïde est vélamenteux dans sa portion claviculaire, ses faisceaux scapulaires sont presque absents, seule sa portion moyenne fait saillie sous la peau ; elle se contracte et durcit quand on fait porter le bras en abduction, mais ce noyau de fibres en contraction dont le relief se dessine sous la peau, rend encore plus frappant le contraste avec l'atrophie et l'inertie des muscles voisins (brachial antérieur, coraco-brachial, triceps), réduits à leur plus simple expression ou transformés en cordes fibro-conjonctives.

A l'avant-bras, les saillies musculaires paraissent normales à première vue, surtout à la région antérieure, mais en arrière et en dehors, l'atrophie des extenseurs, des deux radiaux et du long supinateur lui-même, point respecté ici, rend facilement accessible le radius sous-jacent.

La main n'a pas son apparence esthétique normale, point d'atrophie cependant des éminences thénar et hypothénar, mais l'atrophie des extenseurs entraîne la flexion des doigts et produit la main en griffe.

Au point de vue dynamique, quelles sont les altérations du mouvement que ces atrophies musculaires déterminent dans l'épaule et le membre supérieur ?

L'élévation du bras en avant est presque impossible par atrophie du biceps et du coraco-brachial; ce sont ces muscles, en effet, qui, de tous, sont les plus atteints.

Ce mouvement est plus incomplet à droite qu'à gauche; pour l'exécuter le malade semble avoir recours à l'aide des muscles du voisinage et met son thorax dans un plan antéro-postérieur ; mais tous ses efforts restent stériles, puisque à droite le poing ne peut s'élever ainsi qu'à 127 centimètres au-dessus du sol, à 136 centimètres du côté gauche ; si on lui fait élever les deux bras à la fois, ce qui empêche la torsion de la colonne vertébrale sur le bassin et limite l'action des muscles voisins, les poings s'élèvent à peine à 112 centimètres.

Ce malade à une taille de 1 m. 68, et ses bras, pendants le long du corps, les poings fermés, sont à 65 centimètres du sol à droite, à 68 centimètres à gauche.

Si on lui élève les bras et qu'on les abandonne ils retombent aussitôt inertes.

L'*abduction* est encore possible grâce au rudiment de deltoïde qui persiste. A droite, ce muscle contracté, le bras mesure 23 centimètres de tour, au repos 22 centimètres ; à gauche 25 centimètres et 24 centimètres. Mais dans l'abduction le bras devient horizontal avec peine, grâce aux contractions des seuls faisceaux acromiaux, et il ne peut s'élever plus haut.

Normalement quand le bras est horizontal, la tête humérale vient buter contre l'acromion, le deltoïde ne peut pas se contracter davantage, mais il reste en contraction, tandis que d'autres muscles agissent sur l'omoplate pour la faire basculer en dedans, élever le moignon de l'épaule et permettre une élévation plus grande du bras. Le premier de ces muscles élévateurs de l'épaule est le trapèze ; ses faisceaux supérieurs élèvent le tiers externe de la clavicule, ses faisceaux inférieurs abaissent l'extrémité interne de l'épine, les deux groupes élèvent donc la cavité glénoïde ; mais ici, le trapèze atrophié ne peut pas empêcher la chute de l'épaule, encore moins fera-t-il basculer l'omoplate en dedans, l'abduction du bras ne dépassera pas l'horizontale.

Les mouvements les mieux conservés à l'épaule sont ceux de rotation : en dedans par l'action énergique du sous-scapulaire et du sus-épineux, en dehors grâce au sous-épineux et au petit rond. Quand on fait porter le bras en arrière et en dedans par la contraction du grand rond ou *ani-tersor*, on sent une corde faible se tendre sous l'aisselle et le mouvement reste incomplet.

A l'avant-bras, les trois mouvements (flexion, pronation et supination) présentent des particularités intéressantes. Il n'existe ni biceps, ni brachial antérieur, il semble donc que la flexion ne pourra se produire. L'avant-bras se fléchit cependant et, chose curieuse, en dehors des fléchisseurs du bras que pas une contraction ne gonfle, avant de se fléchir il se met en demi-pronation, grâce à l'action combinée du rond pronateur et du long supinateur, et à ce moment l'action de ces muscles persistant, la flexion commence, le rond pronateur prédomine, le long supinateur étant lui aussi frappé d'atrophie.

Si on force passivement la flexion en supination et qu'on abandonne le bras, celui-ci reprend de son propre poids la position d'extension, surtout à gauche. La pronation, nous venons de le voir, est à peu près normale.

La main est en griffe. Tandis que la masse des fléchisseurs épitrochléens est presque normale, les extenseurs, le long supinateur, les radiaux sont à peu près disparus ; à 6 centimètres au dessous du coude l'avant-bras a 24 centimètres de tour, à un centimètre au-dessus de l'apophyse styloïde 16 centimètres ; il est donc plus épais que le bras qui mesure 23 cent. 1/2 à gauche, 22 centimètres à droite au niveau du deltoïde, et seulement 15 centimètres de l'insertion de ce muscle au coude.

L'atrophie des radiaux rend incomplète l'abduction de la main, l'adduction de la main en paraît au contraire normale ; les doigts ont la troisième et la deuxième phalange fléchies, la première est en extension quoique sa flexion complète soit possible. Mais, particularité remarquable, tandis que l'extension des deux dernières phalanges est possible, la première étant fléchie (action des muscles lombricaux), dès que la première phalange s'étend et arrive à se mettre dans l'axe de l'avant-bras, les deux dernières phalanges se fléchissent, la main prend l'aspect d'une griffe. Il est impossible d'obtenir une extension complète soit des doigts, soit du poignet. L'extenseur propre du petit doigt, cependant, est moins pris que ses congénères. Les inter-osseux sont conservés. La tabatière anatomique n'est pas nette ; si son bord externe est saillant (tendon du long abducteur du pouce, normal), son bord interne, tendon du long extenseur, atrophié, manque de relief. Au niveau des éminences thénar et hypothénar non atrophiées, les opposants du pouce fonctionnent parfaitement des deux côtés.

Nous avons vu les atrophies musculaires des épaules et des bras, nous connaissons les troubles qu'elles apportent dans les mouvements, étudions les troubles de la statique qu'elles entraînent.

Chez notre malade, l'aspect du thorax est caractéristique ; nous connaissons le cadre scapulo-huméral, au-dessous du cou, normal (35 cent. de tour), où la corde du chef sternal, du sterno-cléido-mastoïdien, se dessine avec netteté ; dans les mouvements de rotation de la tête à droite et à gauche, les clavicules semblent glisser en bas vers la tête humérale et forment là, dans cette vaste fosse creusée par l'atrophie musculaire, entre les creux sus et sous-claviculaires agrandis, la seule saillie qu'offre cette région, si montueuse chez l'adulte musclé.

Au-dessous des clavicules, en dehors, se voit le relief de la tête humérale, que le deltoïde ne cache plus, puis la légère saillie de ce muscle, puis la moitié inférieure du bras complètement atrophié.

Enfermé dans ce cadre, est le thorax, si particulier d'aspect, en avant avec son gril costal, presque mis à nu par l'atrophie complète des pectoraux, aplati, excavé même en entonnoir en bas, en arrière dévié à gauche par une scoliose dorsale, dans son ensemble présentant un rétrécissement antéro-postérieur et un élargissement transversal.

A voir ce thorax, on dirait qu'il a été violemment comprimé d'avant en arrière ; sa face antérieure paraît non seulement aplatie, mais creusée dans son ensemble d'une vaste dépression cupuliforme dont les bords seraient formés en haut par les clavicules, qui descendraient progressivement jusqu'au bas du sternum par un enfoncement plus grand des espaces intercostaux et aboutiraient là à un creux plus net, sorte d'ombilic qui serait le fond de l'entonnoir.

Cet enfoncement n'est pas régulièrement progressif des clavicules en bas. A la partie interne du deuxième espace intercostal, à droite et à gauche, se creusent deux salières irrégulières, rendues plus profondes par la forte saillie du cartilage chondro-sternal en bas, de l'articulation sterno-claviculaire en haut. Ces deux cavités supérieures, jointes à celle que nous allons décrire plus bas, rendent particulièrement asymétrique cette face antérieure et gênent beaucoup quand on veut donner à cette déformation une étiquette déterminée, coupe ou entonnoir.

Cette dépression inférieure est creusée sur la ligne médiane aux dépens de la face antérieure du sternum, à 15 centimètres au-dessous du bord inférieur du manubrium; elle est limitée en haut par une courbe arrondie au dessous de laquelle se produit un enfoncement à pic de 8 millimètres de profondeur, on le dirait produit par la pression exagérée d'un doigt, et limité en haut par un coup d'ongle ; elle est irrégulière de forme et se continue en bas dans le plan vertical, sur la face antérieure de l'appendice xiphoïde, aminci et cartilagineux ; elle diminue progressivement de profondeur et, de trou qu'elle était, se transforme en gouttière par le redressement en bas et en avant de l'appendice xiphoïde, qu'on dirait surélevé par la voussure abdominale. Asymétrique dans le plan vertical, cette dépression l'est aussi dans l'horizontal. Plus brusquement limitée à gauche, à bord moins sensible à droite, elle se confond avec la dépression générale de la face antérieure, mais la saillie des cartilages costaux qui la bordent est assez nette pour lui donner la forme allongée d'une gouttière.

Mais ce n'est pas tout comme déformation thoracique, la face postérieure nous en présente aussi. Sur le dos du malade pleinement éclairé, les vêtements abaissés au-dessous des crêtes iliaques, ou, mieux, complètement enlevés, les bras pendant naturellement le long du corps, les deux pieds en équerre reposant également sur le sol, en évitant la position hanchée, que voyons-nous ?

Tout d'abord, outre la disposition ailée des omoplates, saute aux yeux une déviation à gauche, pas très considérable mais évidente, des apophyses épineuses de la colonne dorso-lombaire. Cette déviation dorsale à gauche est déjà une rareté (7,9 0/0), d'après Drachmann. Dans la scoliose essentielle des adolescents, la règle est qu'elle siège à droite. Dans la scoliose rachitique, elle affecte les deux côtés avec une égale fréquence.

Si on tend un fil de la saillie de la proéminente à la crête sacrée, on voit la colonne dorsale tout de suite se déjeter à gauche jusqu'au niveau de la onzième dorsale environ, puis la ligne du sommet des épiphyses se dirige à droite et en bas, en faisant avec notre fil un angle très aigu. De la première lombaire à la troisième, la saillie des épiphyses semble disparaître comme après une épiphysectomie, sans qu'il y ait jamais eu le moindre traumatisme, mais elle redevient sensible à partir de la quatrième lombaire ; la hauteur de la flèche qui sous-tend cet arc scoliotique est de deux centimètres et demi environ. Cette scoliose dorso-lombaire gauche amène des troubles dans la situation réciproque des parties osseuses voisines. Elle augmente encore l'asymétrie thoracique, les déjètements, d'autant plus qu'il nous est impossible, soit à la simple inspection du dos, soit à l'examen radioscopique, autant que sur l'épreuve radiographique, de déceler aucune courbure de compensation lombaire; d'abord, l'angle costal postérieur est rendu plus aigu du côté de la convexité, mais sans gibbosité rachidienne, tandis qu'à droite la courbure des côtes est plus effacée. Cependant, des deux côtés, elles ont subi un changement de direction qui augmente leur obliquité et les rend presque verticales.

La première conséquence de ce redressement de côtes et de la voussure en dehors de la base thoracique, c'est l'élargissement du thorax dans le sens transversal, qui répond à l'aplatissement d'avant en arrière, chance heureuse pour les organes intra-thoraciques qui, refoulés par le sternum en arrière, vont trouver place sur les côtés. Nous avons mesuré ces deux diamètres du thorax au niveau du trou de l'entonnoir déjà décrit; l'antéro postérieur mesure 14,5 centimètres, le transverse égale 28 centim. 1|2. L'indice est considérable chez notre malade.

$$\text{Ind.} = \frac{\text{d. tr.} \times 100}{\text{D. a. p.}} = \frac{28 \times 100}{14,5} = 193, \text{ au lieu de}$$

140, indice normal.

Cet élargissement transversal est la compensation providentielle de l'aplatissement antéro-postérieur ; il nous explique l'absence de signes de gêne cardiaque ou respiratoire chez ce malade à thorax de 14 centimètres. Aucun trouble dans le fonctionnement des organes thoraciques, ni palpitations, ni dyspnée, ni oppression et cependant notre homme se livre à des travaux assez pénibles. Malgré l'atrophie de ses bras et de ses épaules, son thorax aplati, qui font de lui un impotent, plus même, un infirme, révélation inattendue et paradoxale, notre homme est portefaix.

La capacité respiratoire de la cage thoracique ne paraît pas altérée d'une manière sensible. Comme le remarque Ebstein, le thorax a regagné dans le sens transversal ce qu'il a perdu d'avant en arrière. La respiration est surtout diaphragmatique, le sternum reste presque immobile, les côtés subissent des oscillations de bien faible amplitude, tout le mouvement est à l'abdomen. A l'examen radioscopique, on voit se soulever et s'abaisser le diaphragme comme un soufflet de forge, les mouvements en hauteur sont de beaucoup les plus étendus. Comme forme, la coupole diaphragmatique est irrégulière, la courbure du côté gauche (côté de la scoliose) est très accentuée, le sinus costo-diaphragmatique fait un angle très aigu ; à droite, au contraire, la convexité est plus affaissée.

Si on place le sujet de profil, les rayons X traversant une plus grande épaisseur, on ne distingue rien de l'intérieur du corps, mais en avant on se rend compte que l'ampliation thoracique dans le sens antéro-postérieur est à peu près nulle.

Le cœur est couché sur le diaphragme et se trouve déplacé en dedans presque au milieu de la cage.

Si cette déformation thoracique n'entraîne pas de troubles fonctionnels, elle a des conséquences d'ordre esthétique ; elle ramène à la verticale l'obliquité des contours latéraux du thorax et produit la *taille de guêpe*. Normalement, les dernières côtes, plus courtes que les moyennes, doivent, pour aller s'attacher comme elles au sternum en avant, s'écarter moins de la ligne médiane sur les côtés ; le diamètre thoracique inférieur est plus étroit que le moyen, le thorax a un peu la forme du barillet. Ici, la scoliose d'abord, l'aplatissement ensuite, portant très obliquement en bas et en dehors, les dernières côtes déterminent une voussure qui augmente le diamètre de la base et le rend presque égal à celui de cette portion moyenne (79 centimètres et 77 centimètres). On comprend facilement que cette voussure exagère la dépression des hypochondres sous-jacents ; normalement la ligne qui descend de l'aisselle dans le plan transversal se recourbe un peu en dehors à mi-hauteur du thorax, puis s'infléchit en bas et en dedans en descendant l'échelle des côtes jusqu'à la base du thorax, dessine l'hypochondre non affaissé d'une courbe insensible, et atteint graduellement le relief de la hanche ; ici elle descend presque verticalement jusqu'à la base du thorax, et là brusquement elle s'affaisse presque en coup de hache, sur le rebord de la crête iliaque. Entre la base du thorax et la saillie des hanches est un amincissement du diamètre du corps, que l'on a comparé au corselet des insectes ; Pierre Marie l'appelle la taille de guêpe. En voici les mesures :

Base du thorax = 78 centimètres de circonférence ; immédiatement au-dessous = 72 centimètres pour remonter au niveau des côtes iliaques à 81 centimètres.

En haut du thorax, la moitié gauche de la cage est soulevée par la scoliose, ainsi que l'épaule correspondante ; l'omoplate du même côté, déjà rendue saillante par l'atrophie des muscles qui s'insèrent sur son bord interne, est encore plus soulevée que la droite, plus écartée aussi de la ligne médiane ; son angle inférieur plus refoulé en dehors, en arrière et en haut. L'écartement de la colonne en scoliose, des deux pointes scapulaires, égale 7 centimètres à gauche, 4 centimètres à droite ; celui du sommet de l'angle inférieur, de la paroi thoracique, mesure 5 centimètres à gauche, 3 centim. 1|2 à droite ; sa hauteur atteint à gauche le niveau de la cinquième dorsale, descend à droite au bord supérieur de la septième.

Le triangle brachio-thoracique, formé sur les bords

antérieur et postérieur du creux axillaire, et le plan costal en dedans est virtuel à gauche, tandis qu'à droite, il est plus grand que normalement.

Vu de profil, le malade présente un certain degré de *lordose lombo-sacrée*. Cette lordose, exagération de la disposition physiologique, qui courbe en avant la région lombaire, est produite par l'atrophie des extenseurs du rachis. Le poids des viscères abdominaux que la sangle abdominale, atrophiée elle aussi, est impuissante à brider, entraîne l'exagération de la courbure normale, par glissement en avant des corps vertébraux ; elle détermine la lordose lombaire et par suite l'ensellure ; mais dans la station debout et la marche, le sujet serait entraîné en avant par son centre de gravité s'il ne rétablissait l'équilibre par une cyphose dorsale de compensation ; il rejette en arrière les épaules et la tête, met les mains derrière le dos, prend la démarche caractéristique que les Parisiens appellent sarcastiquement, la démarche importante du *député de province*.

Mais poursuivons notre étude des atrophies musculaires. Nous avons signalé en passant l'atrophie des muscles abdominaux, grand droit, grand oblique, petit oblique, transverse, dont le relâchement produit la chute en avant de l'abdomen (au niveau de l'ombilic, le diamètre antéro-postérieur est de 23 centim. ; au thorax, le même diamètre = 14 centim.).

Dans les membres inférieurs, les muscles sont beaucoup moins touchés qu'aux bras, mais encore est-on frappé de la gracilité des cuisses, qui ne sont pas plus épaisses que le mollet. La fesse gauche est surtout atteinte, et dans la station debout, l'atrophie des fessiers est telle, qu'on voit un creux assez marqué, absent sur la droite ; cependant le pli fessier existe à égale hauteur des deux côtés ; le malade peut se tenir debout « comme un homme », les fessiers jouent donc ici leur rôle dans la station bipède, car on connaît le mot de Buffon : « les fesses n'appartiennent qu'à l'homme ».

Les muscles des cuisses sont atteints par l'atrophie, tant les fléchisseurs du plan antérieur, que les extenseurs du plan postérieur ; en dedans, les adducteurs paraissent conservés.

Les fléchisseurs à droite sont plus forts qu'à gauche, on sent mieux leur relief ; aussi pour monter un escalier c'est toujours la jambe droite que le malade avance, tandis qu'il descend sur la gauche où les extenseurs de la jambe sur la cuisse sont mieux conservés.

Cette amyotrophie de la ceinture pelvienne et des cuisses gêne tous les mouvements de flexion ou d'extension du bassin sur la cuisse ou réciproquement.

L'aspect de la jambe est à peu près normal comme épaisseur, elle est maigre sans adipose, on sent les muscles sous la peau, mais le gras du mollet est remonté ; notre malade a un mollet de femme. Ce changement de forme justifie pleinement la remarque de Paul Richer, dans ses études sur les myopathiques, où il recherche les variations de la forme extérieure dues aux atrophies ; il démontre que celles-ci atteignent d'abord le muscle au niveau de l'insertion de son tendon, lequel paraît alors empiéter sur le corps musculaire et s'allonger à ses dépens ; il y a diminution des corps charnus au profit des attaches fibreuses ; nulle part mieux que dans cette élévation du gras du mollet, on ne voit l'exactitude de cette remarque.

La flexion du pied sur la jambe est absolument impossible par l'atrophie des extenseurs des orteils ; enfin le groupe externe des péroniers est aussi envahi, l'abduction et la rotation en dehors sont à peu près irréalisables.

Rappelons qu'à l'avant-bras aussi, les abducteurs et les rotateurs en dehors (long supinateur et radiaux) sont aussi atrophiés. Circonférence des cuisses : sous le pli fessier 42 centim. à droite ; 40 centim. à gauche. A mi-hauteur (15 centim. de la rotule), 33-31 centim. Au-dessus du genou, 31-30 centim. 1/2.

Circonférence des mollets : partie moyenne, 33 centim. à droite ; 31 centim. à gauche. Au-dessus du cou-de-pied, 21-21 centim.

Cette étude de la trophicité des muscles du corps entier terminée, examinons les attitudes, l'homme debout, assis, marchant ; nous verrons ensuite par quel mécanisme compliqué le malade arrive à se coucher, à s'asseoir sur son lit, à se lever.

Dans la station debout :

Le pied repose sur le sol, surtout par le bord externe et le talon antérieur. Le talon postérieur appuie moins, et si on ne peut glisser sous lui une planchette, comme dans le cas de Richer, du moins son empreinte sur le sol est moins marquée que celle du talon antérieur et surtout à droite. Chose remarquable, malgré l'impotence fonctionnelle presque absolue de groupes musculaires entiers, les fléchisseurs du pied sur la jambe par exemple, le malade se tient debout dans un équilibre parfaitement stable.

L'équilibre de la tête est assuré par l'intégrité des muscles de la nuque. Pour la station du tronc sur la cuisse, point n'est besoin d'intervention musculaire ; l'atrophie des fessiers, des quadriceps fémoraux, reste donc sans effet nuisible. Il en est de même pour l'articulation du genou : les condyles du fémur sont bien assis sur les plateaux tibiaux ; de nombreux ligaments, d'ailleurs, consolident cette articulation, les membres inférieurs, si impuissants dans certains mouvements, remplissent très convenablement dans la station debout, le rôle de soutien rigide. Au cou-de-pied, l'articulation ne peut être fixée par la contraction des jumeaux et du soléaire affaibli. C'est par des qualités passives (élasticité, rétraction, épaississement fibro-conjonctif du tendon d'Achille) que ces muscles maintiennent la station. Ils jouent un rôle, moins élevé que le muscle ; atrophiés, rétractés, épaissis, ils sont de tous points assimilables à un grand ligament étendu du fémur et du tibia au talon. Diminués de longueur, ils atteignent leur maximum de distension, quand le pied repose à plat sur le sol, dans la station debout ordinaire. Qu'ils se raccourcissent un peu plus par l'invasion croissante du tissu fibreux, et le talon sera soulevé comme dans le cas de Richer ; un degré de plus, et nous aurions le varus équin analogue comme effet mais non comme cause au pied bot paralytique. Il y a plus, ce muscle rétracté empêche la flexion de la jambe sur le pied passivement, sans contraction permanente.

Conclusion : le myopathique qui aurait ses jumeaux absolument passifs pourrait se tenir indéfiniment debout sans fatigue. En général cependant, ces extenseurs du pied sont en partie conservés ; le malade peut très bien se dresser et marcher sur la pointe des pieds, mais il ne peut se lever sur les talons ; au moment de l'effort maximum pour relever la plante des pieds, il n'arrive qu'à étendre les orteils par simple action du pédieux. Les extenseurs propre et commun, le jambier antérieur, qui sont les fléchisseurs du pied sur la jambe, restent absolument sans action. A quoi est due cette impotence ? A deux causes qui agissent simultanément.

La première est l'atrophie des extenseurs des orteils qui fléchissent le pied ; on sent, molle et creuse, la gouttière antérieure tibio-péronière ; la deuxième, c'est la rétraction du tendon d'Achille. S'il y avait, en effet, atrophie seule des extenseurs, rien n'empêcherait, quand on saisit le pied à pleine main, de le fléchir sur la jambe ; or, quel que soit l'effort développé, le pied ne dépasse pas l'angle droit ; on a la sensation qu'il est bridé par une corde en arrière, cette corde est le tendon d'Achille épaissi.

Dans la marche nous savons quelle est l'attitude de la partie supérieure du corps : Cyphose dorsale, lordose lombaire, mains dans l'ensellure (démarche importante); quant au bassin, n'étant plus soutenu par les masses musculaires atrophiées, les fessiers entre autres, il est entraîné et abaissé à chaque pas par le poids de la jambe oscillante. Cette inclinaison exagérée, reproduite à chaque pas, tantôt d'un côté puis de l'autre, compensée par l'inclinaison du tronc du côté opposé, réalise la démarche oscillante du canard.

Les pieds ont de la tendance à se mettre en *varus équin*, c'est-à-dire que le malade devra fléchir fortement la jambe pour soulever le pied et l'empêcher de buter. Notre malade steppe en marchant ; on entend ses semelles battre deux fois le sol, à la chute de l'avant-pied d'abord, puis à la chute du talon ; à la moindre inattention, le plus petit caillou suffit pour provoquer sa chute. Il nous confie que depuis la pose des rails des tramways en ville, ses chutes ne se comptent plus.

Pour s'asseoir quand il est debout, il élargit d'abord sa base de sustentation, fléchit les cuisses sur les jambes, le bassin sur les cuisses, se penche en avant et plié en deux, momentanément en équilibre sur ses jambes, il place sa chaise au dessous de son siège, puis, se redressant brusquement, il se laisse choir, entraîné par le poids du corps ; une fois assis, en dehors de tout effort, la tendance au *varus équin* s'accentue. Il ne peut pas s'accroupir, étant incapable de fléchir la jambe sur les pieds.

Veut-il, assis sur son lit, se coucher tout de son long, il s'effondre en arrière.

Couché, veut-il s'asseoir, il ne doit pas songer à agir sur les muscles de la sangle abdominale, fléchisseurs du thorax sur le bassin (grand droit, etc.) ou sur les fléchisseurs du bassin sur la cuisse et sur la jambe (psoas, pectiné, droit antérieur, etc.), il se tourne sur un côté, fait glisser le coude du côté opposé jusque sous l'épaule, de manière à pouvoir s'appuyer sur lui, se retourne, fait le même mouvement de l'autre côté et une fois sur les deux coudes il se projette en avant, s'aide des avant-bras et des mains pour s'asseoir.

Mais le plus pénible pour lui est de se relever quand il est assis par terre; il commence par fléchir une jambe sous lui et à étendre l'autre pour élargir sa base de sustentation; par des mouvements associés de la plupart des muscles du corps, s'appuyant tantôt à droite, tantôt à gauche, tantôt sur les pieds, tantôt sur les mains, il arrive à se redresser — en grimpant le long de ses jambes — et avec tant de peine qu'il sue sang et eau; dans tous ces mouvements simples ou combinés, il supplée aux insuffisances musculaires en agissant par des groupes parfois très éloignés ou antagonistes en mettant à profit le poids de son propre corps et il réalise ainsi, avec beaucoup de peine, le mouvement proposé.

De ce tableau des amyotrophies présentées par le malade et des troubles qu'elles apportent dans le mouvement, on peut conclure qu'il n'y a impotence que là où il y a atrophie musculaire, il ne saurait être question de paralysie, *les mouvements sont limités par la disparition de l'élément contractile* et les mouvements sont exécutés au *prorata des fibres musculaires intactes;* en un mot, notre homme est un *atrophique myopathique simple* et non un *paralytique*.

Sur toute l'étendue du système musculaire nous n'avons pu relever en aucun point de tremblements fibrillaires, jamais de contractures, ni actuellement, ni au début (Wagner, Hahn). Remarque importante, l'atrophie porte seulement sur les muscles de la vie de relation; les muscles de la vie végétative sont absolument intacts.

Toutes les sensibilités générale et spéciale, cutanée, musculaire et sensorielle, sont normales. Jamais de douleurs ni de crampes, sphincters normaux, les réflexes tendineux paraissent abolis, les fibres musculaires qui transmettent l'excitation à la cellule centrale sont insuffisantes et incapables d'exécuter la réaction motrice commandée ; nous avons retrouvé cependant le réflexe achilléen de la jambe droite, mais très atténué ; les réflexes cutanés paraissent abolis.

Pas de troubles atrophiques proprement dits (érythèmes, ulcérations, gangrènes, mains succulentes) ni dans les tissus, ni sur le revêtement cutané — à noter, de très nombreuses cicatrices anciennes, blanches et indélébiles, véritables vergetures sur la peau du dos, comme si l'atrophie très marquée des extenseurs du rachis avait déterminé la rétraction de la peau enveloppante.

Mis en éveil par la thèse d'Hallion sur les déformations vertébrales myopathiques et par une communication de Marie à la Société médicale des Hôpitaux, nous avons recherché des troubles trophiques portant sur le système osseux. En février 1891, Marie et Onanoff présentaient à la Société médicale des Hôpitaux un myopathique extrêmement brachycéphale, par aplatissement de l'occipital.

La tête de ce malade représentait un sphéroïde aplati à sa partie postérieure, et cette déformation était vraiment remarquable ; son indice céphalique, rapport centésimal du diamètre transverse maximum au diamètre antéropostérieur maximum, s'élevait à 101,2 au lieu de 82, indice moyen. Marie attribuait l'aplatissement de l'occipital qu'il a retrouvé, mais à un degré infiniment moindre chez d'autres myopathiques, à une ostéomalacie d'un genre spécial qui envahirait les os sur lesquels s'insèrent les muscles touchés par l'atrophie, ici les muscles de la nuque. Erb a trouvé 89,7 comme indice céphalique, chez un pseudo-hypertrophique ; Brissaud et Souques ont vu la région occipitale manifestement aplatie chez un myopathique qui présentait à la fois de la pseudo-hypertrophie et le type facio-scapulo-huméral ; nous avons cherché chez notre malade cette déformation : il a bien l'occipital aplati, mais, comme beaucoup de brachycéphales, rien deplus. Ses diamètres céphaliques sont : AP maximum 18,2, transverse maximum $= 15,1$, son indice céphalique $= \dfrac{15,1 \times 100}{18,2} = 83$.

On relève, en outre, comme trouble atrophique osseux la saillie considérable de l'extrémité interne des deuxième et troisième côtes avec épaississement remarquable du cartilage chondro-sternal correspondant (y aurait-il corrélation entre cet épaississement et l'atrophie du grand pectoral ?). Si nous y joignons l'excavation et la gouttière creusées sur la face antérieure du sternum, les altérations, de forme et d'épaisseur des vertèbres, le redressement des côtes produit par la double déviation rachidienne scoliotique et lordosique, nous aurons, semble-t-il, énuméré les altérations secondaires de la trophicité des os. La radiographie ne révèle, d'ailleurs, aucune altération du squelette.

L'intelligence est absolument conservée. Intégrité absolue du tube digestif, des appareils rénal et circulatoire. Au point de vue respiratoire, quelques bronchites, causées surtout par la vie au grand air du malade, dans de mauvaises conditions hygiéniques. Pour le moment, d'ailleurs, la pleuro-bronchite pour laquelle il est entré, est guérie ; il reste le frottement de cuir neuf à la base gauche, un peu d'induration du sommet droit, qui le rendent suspect au point de vue bacillaire pour l'avenir.

Reste l'examen électrique, dont nous n'attendons, d'ailleurs, aucune révélation. Il est, aujourd'hui, une notion classique, c'est que chez les myopathiques on ne trouve point la fameuse réaction de dégénérescence qu'Erb a trouvée, pour la première fois, dans un cas de lésion nerveuse, polynévrite cliniquement caractérisée et histologiquement reconnue. Les auteurs sont, d'ailleurs, loin de s'entendre sur la définition et la signification anatomique et clinique de cette réaction de dégénérescence. Quoi qu'il en soit, chez les myopathiques on ne trouve aucune modification qualitative nette des réactions électriques, simplement une diminution quantitative de l'excitabilité musculaire. Bédard et Rémond ont cependant signalé, en 1891, la réaction de dégénérescence dans un cas de paralysie pseudo-hypertrophique. Abadie et Denoyès l'ont trouvée dans un cas de myopathie qui ne peut être rattaché à aucun type. En face du courant électrique, la réaction du muscle est la même qu'en face de l'influx nerveux envoyé par la volonté, il n'obéit qu'autant qu'il a des fibres. La réaction est proportionnelle, par suite, au degré de l'atrophie ; on note toujours la diminution de réaction aux deux courants, faradique et galvanique ;

quant aux modifications qualitatives, à l'inversion du courant, on les trouve rarement, pas d'une façon continue, on ne doit en tenir aucun compte.

Voici les résultats de l'examen électrique pour les muscles les plus atrophiés :

Deltoïde :

  à droite F = 6,4   8,2
  —   K = 1   en dehors; en dedans
  à gauche F = 8   7,7

Brachial antérieur :

  à droite F = 6,6   à gauche F = 6,4
  —   K = 1,6   —   K = 1
  —   A = 2,3   —   A = 1,7

Extenseurs :

  à droite F = 5,8   à gauche F = 5,8
  —   K = 1   —   K = 1,3
  —   A = 4,2   —   A =

Biceps :

  à droite F = 4,5   à gauche F = 4,5
  »   —   K = 4
  »   —   A = 6

Pectoraux :

  à droite F = 8,8   à gauche F = 9,5
  —   K = 2,8   —   K = 1,3
  —   A = 4,5   —   A = 2,4

Notons enfin qu'à la radiale droite nous trouvons de l'hypotonus. T. = 12.

Mais il nous reste un point à étudier chez ce malade, c'est la question des antécédents ; il prétend n'avoir jamais été malade jusqu'à aujourd'hui et il a 28 ans ; cependant en dehors d'une susceptibilité catarrhale de l'appareil respiratoire, il se rappelle que vers six ou sept ans il eut une fièvre grave à la suite de laquelle il a beaucoup grandi (il mesure 1^m,66) et il a commencé à « maigrir des bras ».

Point alcoolique, il n'a jamais commis d'excès ; sa mère est morte de la petite vérole, et il a perdu une sœur de quatre ans, « d'une maladie dans le ventre » et un frère de six ans. Son père et une autre sœur vivent en bonne santé, jamais il n'a entendu signaler une maladie semblable à la sienne dans sa famille.

En présence de quelle affection sommes-nous ? Les troubles moteurs observés n'existent qu'au prorata des atrophies musculaires. Impossible de dépister aucun autre trouble de motilité, de sensibilité, des sphincters, de la trophicité, de l'intelligence. Nous remarquons de plus l'absence de contractions fibrillaires et de la réaction de dégénérescence.

Nous pouvons donc éliminer toute affection cérébrale, médullaire, névritique ; il s'agit d'une amyotrophie primitive, d'une myopathie malgré l'absence d'hérédité connue.

Dans quel groupe de myopathies allons-nous ranger ce malade ? D'emblée on laisse de côté le type pseudo-hypertrophique de Duchenne. Il n'y a pas trace d'hypertrophie, de plus la face étant prise et l'affection ayant commencé bien avant l'adolescence, ce n'est pas le type scapulo-huméral ou juvénile d'Erb, c'est le type facio-scapulo-huméral bien décrit par Landouzy-Déjerine. Le type de Leyden-Möbius doit être écarté, puisqu'il commence par les mollets, à peu près indemnes ici. Dans le type fémoro-tibial d'Eichorst la face reste indemne. Celui de Charcot-Marie débute par les pieds, donc par l'extrémité et non à la racine des membres, respecte habituellement les membres supérieurs et la face, présente des contractions fibrillaires, des crampes, véritable intermédiaire entre les myopathies et les myélopathies.

De toutes l'étiquette de type facio-scapulo-huméral est celle qui convient le mieux à notre cas, bien qu'il y ait ici une forte atteinte de la ceinture pelvienne. Pour plus de précision, on pourrait porter le diagnostic de « myopathie primitive progressive à prédominance du type Landouzy-Déjerine ».

OBSERVATION 11

(Recueillie dans le service de M. le professeur Baumel, en collaboration avec M. Moreau, interne du service).

H... (Dominique), de Montpellier, âgé de 10 ans, entre à la clinique médicale infantile, le 11 février 1902, pour des troubles de la marche.

Antécédents héréditaires. — Le père du petit malade a joui jusqu'à 36 ans d'une parfaite santé ; cultivateur grand et vigoureux, il a pesé jusqu'à 85 kilos ; de tempérament nerveux ; il n'avait jamais eu que la variole à 25 ans. Mais à 37 ans, un an avant la naissance du myopathique, il fut pendant 3 mois malade de l'influenza. 3 ans après, il eut une sciatique rebelle, qui pendant 18 mois le mit dans l'impossibilité de travailler (séjour à l'hôpital Suburbain). Depuis, il n'a plus repris la santé d'autrefois, il s'enrhumait facilement tous les hivers, et en février 1901, fut atteint de bronchite aiguë avec point de côté qui bientôt, passant à l'état chronique, a fait aujourd'hui de lui un phtisique. Il n'a jamais eu de crise nerveuse, mais il est d'un caractère violent et emporté. Il n'est pas alcoolique cependant, et délaissait le petit verre pour la pipe qu'il a abandonnée aujourd'hui. Pas trace de vérole.

En résumé, père tuberculeux, de caractère violent, qui a gardé 18 mois une sciatique.

La mère est bien portante. Dans ses antécédents, on ne relève que la variole à trois ans, une grave fièvre typhoïde à 31 ans, mais elle s'est bien remise, et femme robuste, elle est porteuse de pain.

Pas trace de vérole chez elle non plus. Toujours bien réglée depuis l'âge de 12 ans, sans perte blanche ; elle a eu neuf accouchements à terme sans fausse couche.

Les trois premiers enfants sont morts en bas âge, deux à 15 jours, d'athrepsie, le troisième à 17 mois, de méningite.

Le quatrième est un garçon de 13 ans 1|2, bien portant.

Le cinquième est notre malade.

Des quatre autres deux sont morts en bas âge (11 mois et 2 ans, méningite et choléra infantile) ; deux autres sont en bonne santé.

En poussant plus loin ces recherches sur l'hérédité on ne trouve de part et d'autre que nombreuse famille et santé excellente.

Le père est le quatrième fils d'une famille de 14 enfants.

Le grand père est mort relativement jeune d'accident ; la grand'mère vit encore en bonne santé.

Des treize autres, sept sont morts ; cinq en bas âge, un au régiment, la septième après avoir mis quatre enfants au monde.

Des sept oncles ou tantes survivants, six ont des enfants, en tout 25. Un seul est mort à six mois ; le plus âgé de cette génération, celle du malade, a vingt-six ans. Il est déjà deux fois père ; le plus jeune a dix-sept mois.

Ce tableau complet de l'hérédité paternelle montre bien, malgré la tuberculose et la sciatique du père, une race prolifique et non dégénérée.

Du côté maternel, hérédité également rassurante. Cinq enfants dont un seul est mort à 12 ans, de fièvre typhoïde. Les trois autres sont mariés, pères de famille, n'ont jamais perdu d'enfants ; seule la mère de notre malade en a eu neuf et en a perdu cinq.

Veut-on pousser plus loin encore ? Le bisaïeul de notre petit malade et son arrière-grand'mère, morts l'un à 96 ans, l'autre à 84, ont eu aussi 9 enfants. Une seule tare : leur différence d'âge. L'arrière-grand-père s'est marié à 60 ans, sa femme n'en avait que 18.

En somme, de ce long exposé, que nous avons voulu complet, de l'hérédité de notre myopathique, nous ne retenons que cette tare légère chez les grands-parents maternels et la tuberculose chez le père. En tout cas, rien à relever chez les ascendants ou les nombreux collatéraux qui explique une myopathie.

Antécédents personnels. — Né à terme, le cinquième enfant d'une famille de neuf. Sa mère ne sait plus à quel âge il a marché. Il n'a jamais présenté de convulsions et a grandi jusqu'à 7 ans et demi, indemne même des maladies habituelles de l'enfance (rougeole, coqueluche), et sans avoir fait un jour de maladie. Seul de sa famille cependant, il avait la nuit de l'incontinence d'urine. D'une intelligence assez vive, il sait lire, écrire et compter. A l'école il était gai et ardent aux jeux de son âge.

A 7 ans 1/2, en août 1899, il se laissa tomber à la campagne dans un fossé plein d'eau, d'où il se tira tout seul, mais mouillé et grelottant pendant deux heures environ, jusqu'à sa rentrée en ville. Cet accident n'eut absolument aucune suite morbide immédiate.

C'est à cette époque, dit la mère, — elle ne peut préciser si c'est quelque temps avant ou après cette chute, — qu'il devint paresseux dans ses jeux, lent à courir, inhabile à sauter. Il montait avec peine les escaliers ; ce fut là le premier signal d'alarme qui avertit les siens de sa maladie. Pour monter, il s'accrochait de la main au genou, à la rampe ; il se laissait tomber au moindre heurt.

Bref, sa démarche accusait si nettement la gêne et l'impotence que, croyant à une entorse, on le conduisit chez un rebouteur. Il est juste de reconnaître que celui-ci ne découvrit aucune lésion osseuse ni articulaire !

La faiblesse des reins s'accrut pendant 3 ans progressivement, et cependant les mollets grossissaient. On fit radiographier le bassin, le malade fit une saison à Balaruc-les-Bains en septembre dernier ; mais, les troubles de la marche s'accentuant de plus en plus, il entre le 11 février dans le service de M. le professeur Baumel.

Il n'a jamais rien présenté d'anormal à la face. Jamais de douleur. Tous les appareils normaux.

État actuel. — Ce qui frappe le plus en lui, c'est son attitude et sa démarche, et s'allonge-t-il nu, sur son lit, c'est le contraste entre le volume exagéré de ses mollets et son amaigrissement général. Avec de pareils mollets, on est surpris qu'il marche si mal.

Aspect extérieur. Le *crâne* est arrondi, dans son ensemble, fortement brachycéphale, il est aplati en arrière. Le front est bas, mais les deux bosses frontales sont nettement saillantes ; la racine du nez est déprimée, le menton arrondi en galoche et fortement proéminent.

L'indice céphalique est plus élevé que normalement.

$$\text{I. céph.} = \frac{\text{Diam. tr} \times 100}{\text{Diam. A. P.}} = \frac{15 \times 100}{16.5} = 99.9,$$

au lieu de 82.

Le tour de tête mesure 52 centimètres.

Le diamètre mento-maximum = 22 1/2.

La face paraît symétrique et fort peu touchée par l'atrophie ; les yeux sont largement ouverts ; pupilles égales et dilatées ; pas d'exorbitisme. Il peut à volonté fermer avec force les yeux, mais même alors un faible effort suffit pour relever malgré lui les paupières. D'ailleurs, quelques rides transversales parallèles à leur bord libre accusent un léger degré d'atrophie des orbiculaires.

La bouche est assez petite, d'ordinaire entr'ouverte ; la lèvre supérieure mince et déformée vers la commissure droite ; la lèvre inférieure épaisse et ectropionnée, en rebord de pot de chambre ; voûte palatine légèrement ogivale. Du côté des dents, notons un certain retard dans l'évolution des canines et des deux premières molaires inférieures. Carie dentaire au niveau de la deuxième et troisième molaires inférieures gauches, et de la première supérieure droite. — Prognatisme alvéolo-dentaire.

Oreilles grandes, écartées du plan de la tête ; lobule détaché ; aucune déformation de l'hélix. Pas de double tourbillon sur le cuir chevelu.

En somme, sauf pour les orbiculaires, la face paraît indemne. Tous les peauciers fonctionnent normalement ; le malade siffle, souffle, prononce les labiales, a le rire large et tous les jeux de physionomie ; il n'a pas le facies figé des myopathiques faciaux.

Le *cou*, allongé, amaigri, présente en avant la forte saillie des sterno-cléido-mastoïdiens. Il a 26 centimètres de tour.

Au *thorax*, l'amaigrissement existe, mais pas très marqué. Les creux sus et sous-claviculaires ne sont pas bien profonds ; à peine sous les pectoraux amincis se dessine le gril costal. Dans son ensemble, il conserve la forme classique en barillet ; cependant il est aplati d'arrière en avant et transversalement élargi.

Ce qui prouve bien sa forme en barillet, ce sont les mensurations suivantes : 59 centimètres de circonférence au-dessous des creux axillaires, 64 centimètres au niveau des mamelons, 63 centimètres à 5 centimètres au-dessous, 60 centimètres au niveau des fausses côtes. La mensuration du tour de taille au niveau de l'ombilic donne aussi 60 centimètres. Le barillet thoracique se continue donc sans transition avec les hypochondres et puis les flancs. Notre sujet ne présente pas la *taille de guêpe*, décrite par Pierre Marie.

Le sternum est vertical, déprimé en fossette à son extrémité inférieure, par un brusque déplacement de l'appendice xiphoïde, en arrière ; cette dépression donne vaguement au thorax, l'aspect du *thorax en entonnoir*.

A *l'abdomen*, la palpation révèle la saillie des grands droits.

La *verge* et les *testicules* sont normalement développés, pas d'ectopie ni de hernie.

Dans le *dos*, les omoplates ne présentent pas la saillie habituelle, elles ne sont pas *ailées* comme chez les myopathiques du type Landouzy-Déjerine. Leur bord interne n'est cependant pas parallèle à la ligne des apophyses épineuses, son obliquité en bas et en dehors accuse le relâchement des rhomboïdes.

La colonne vertébrale présente une légère scoliose à convexité droite. Au niveau des premières vertèbres lombaires, elle est compensée par une courbure scoliotique à convexité gauche au niveau des quatrième et cinquième lombaires. La flèche de ces deux courbures égale 1 cent. environ.

La cyphose dorsale normale est exagérée et abaissée ; elle empiète sur les premières lombaires et comme la lordose lombo sacrée normale est aussi exagérée dans l'attitude debout, l'ensellure paraît d'autant plus considérable.

Les muscles des masses lombaires paraissent atrophiés.

La masse des fessiers, assez molle au toucher, ne présente pas à la vue d'atrophie manifeste.

Les *membres supérieurs* nous frappent tout d'abord par leur gracilité et la presque uniformité de leur diamètre sur toute la hauteur. A peine un léger renflement signale-t-il le deltoïde ; un fuseau musculaire décèle le ventre du biceps. L'avant-bras conserve ses proportions, mais elles sont réduites.

A la main, aplatissement des éminences thénar et hypothénar ; les espaces interosseux sont normaux, le pouce est nettement opposable.

Aux *membres inférieurs,* ce qui frappe le plus c'est le volume des mollets, en disproportion avec les cuisses, plutôt amincies.

A droite, l'atrophie de la cuisse est plus marquée à la vue et au toucher ; le sujet accuse une plus grande faiblesse de ce côté.

Les jumeaux sont très développés, ils sont mous au toucher et la palpation permet de saisir entre les doigts des ventres musculaires, un peu douloureux à la pression. Cette hypertrophie est vraiment remarquable ; on sent bien, cependant, qu'il n'y a pas là des masses musculaires homogènes ; des muscles d'athlète auraient une consistance ferme, rénitente, avec des saillies régulières et non ce mélange imprécis de mollesse et d'induration, de tissu gras et de noyaux fibreux.

Les pieds sont nettement tombants.

Les mensurations donnent au membre supérieur, sous l'aisselle : 17 cent. de tour (deltoïde).

Au niveau du biceps : 15 centimètres.

A l'avant-bras, portion moyenne : 16 centimètres.

Aux membres inférieurs :

	Droite	Gauche
Cuisse, racine	31 c.	32 c.
— 1/3 moyen	27 c.	27 c. 1/2
— 1/3 inférieur	22 c. 1/2	22 c. 1/2
Jambes (sous le plateau tibial)	21 c. 1/2	21 c. 1/2
Mollets	24 c.	24 c. 1/2
Cou-de-pied	14 c. 1/2	14 c. 1/2

Mouvements. — L'étude anatomique des muscles faite, étudions leur physiologie.

La musculature du cou étant à peu près normale, la tête se porte en flexion, en extension, suivant les désirs du malade.

Les mouvements respiratoires dilatent très peu le thorax supérieur, mais la moitié inférieure présente une ampliation assez étendue ; c'est au ventre surtout que les mouvements respiratoires sont nettement marqués. La paroi se bombe et s'excave alternativement, traduisant l'ascension et l'abaissement du diaphragme.

C'est bien le type de la respiration diaphragmatique, notée fréquemment chez les myopathiques, par Guilloz et Henriot.

Aux membres, tous les *mouvements* sont possibles, mais exécutés sans force. Aux jambes, le plan musculaire antérieur est le plus atrophié et, par suite, plus affaibli (fléchisseurs de la cuisse sur le bassin, extenseurs de la jambe sur la cuisse).

Les réflexes sont en général diminués, le rotulien droit paraît absolument aboli.

Attitudes. — Dans la *station debout,* la plus grande partie du poids du corps porte sur le pied gauche, qui repose à plat sur le sol, mais en léger varus. Le membre droit, plus faible, assure l'équilibre, mais n'est pas le pilier qui porte le corps. Il est plus écarté de la ligne médiane, présente un varus plus marqué et surtout un degré d'équinisme tel, qu'ici, comme chez le malade de Richer, on peut glisser une planchette sous le talon. Les pieds sont écartés, la base de sustentation très élargie.

Au siège, ensellure lombaire considérable qui, déjetant le tronc en avant, augmente en arrière la saillie des fessiers, cambre considérablement la taille, fait bomber le thorax et « rentrer » le ventre. L'équilibre est maintenu par le rejet en arrière des épaules et de la tête.

Dans *la marche*, il soulève alternativement avec effort les membres inférieurs qu'il semble trainer péniblement après lui ; il avance avec un balancement latéral des hanches et du tronc, les bras rejetés en arrière, avec *l'allure prétentieuse*.

Pour *s'asseoir*, la série des mouvements et des artifices auxquels il se livre montre qu'il se passe complètement de l'action des masses sacro-lombaire et pelvi-trochantérienne.

Il met beaucoup à profit le poids de son propre corps et se sert aussi de ses bras. Il penche le corps en avant, s'appuie des mains sur la cuisse et le genou pour limiter ce mouvement ; puis, une fois fléchi à angle droit, il se rejette en arrière, mais brusquement, sans aucune souplesse et tombe au petit bonheur sur le siège. Pour se redresser, quand il est assis, il exécute le mouvement inverse : flexion du corps à angle droit par projection du tronc en avant ; appui des mains sur les cuisses et, une fois en équilibre dans cette position, il perd contact avec le siège et *grimpe le long de ses jambes*.

Couché par terre, sur le dos, veut-il se mettre debout ? Il se retourne sur le ventre, se met à quatre pattes, élargit la base de sustentation en allongeant ses pieds, met ses membres inférieurs en extension, rejette son bassin en arrière, en s'appuyant des mains sur le sol de plus en plus près des pieds ; puis, ceux-ci atteints, il grimpe le long de ses jambes et se redresse.

Il n'a jamais présenté de secousses ni de contractions fibrillaires.

L'*examen électrique* de ses masses musculaires a été fait au Laboratoire d'électrothérapie avec toute la compétence voulue par MM. Imbert et Bertin-Sans.

On a trouvé : « un peu de lenteur dans les secousses » pour les muscles jumeaux à droite et à gauche ; une » égalité des secousses par l'anode et la cathode pour tous » les muscles examinés (jumeaux interne, externe, droit, » gauche ; orbiculaires des paupières, des lèvres), sauf » pour le jumeau interne droit, qui présente nettement » une inversion dans la loi des secousses ».

Il y a donc pour ces muscles une ébauche de la réaction de dégénérescence, nette pour le jumeau interne droit.

Comme trouble trophique, il faut signaler le développement il y a un mois environ, à la partie moyenne du bord interne du pied gauche, d'une phlyctène de la grosseur d'une noix, apparue spontanément sans brûlure ni piqûre, et qui mit en tout trois, quatre jours à se former.

Elle fut percée, il en sortit une sérosité noirâtre, sanieuse, et un pansement antiseptique en eut vite raison en quelques jours. Le malade n'a jamais présenté aucun trouble de la sensibilité, sauf un peu de douleur, déjà signalée, au niveau des ventres musculaires ou des noyaux scléreux des mollets.

Son état général sans être alarmant n'est pas brillant. Il est pâle, amaigri, les pupilles dilatées, le pouls à 100.

Il a une induration suspecte au sommet droit. Nous savons que son père est aujourd'hui phtisique, et nous ne serions pas surpris que ces sommets mal aérés, mal nourris chez cet enfant impotent qui ne peut faire beaucoup d'exercice, ne soient une proie facile à la tuberculose ou tout au moins à la bronchite chronique.

Il a 1 mèt. 28 de taille, et pèse 21 kil. 900, un peu moins qu'un enfant sain et de sa taille.

Au dynamomètre, il arrive à déployer avec la main droite une force de 9 kilos, à gauche de 7 kilos.

Le traitement est tonique (sirop de quinquina), reconstituant (eau de lacto-phosphate de chaux), dépuratif et antiscléreux (iodure de potassium) ; on cherche à lutter contre l'atrophie par les courants électriques.

Malheureusement ce traitement rationnel n'a donné jusqu'à ce jour aucune amélioration sensible. Il serait téméraire, pensons-nous, de nourrir à son égard aucune illusion.

Recherchons les particularités qu'offre ce cas. Il s'agit d'un enfant, seul myopathique dans une famille où les ascendants directs et collatéraux sont certes très nombreux, et en bonne santé. Pas la moindre hérédité myopathique, ni même d'aucune sorte. L'observation est typique à ce point de vue.

Le père, il est vrai, un an avant la naissance du malade lutta pendant trois mois contre une influenza qui dut l'affaiblir beaucoup et le préparer pour la tuberculose qui évolue aujourd'hui chez lui, si elle ne la lui laissa pas. Du côté maternel, devons-nous faire grand cas de cette légère tare, une grande disproportion d'âge chez les aïeux ? Mais il semble que ce sont les produits directs de cette union qui auraient dû en souffrir, et non la génération des petits-enfants. Quoi qu'il en soit, faute de raisons étiologiques plus certaines, nous avons cru devoir la relever.

Quel rôle attribuer à la chute dans une mare pleine

d'eau, quand la mère, elle-même, nous a dit qu'elle ne se rappelait plus bien si déjà son enfant marchait mal avant la chute, ou si les troubles de faiblesse musculaire sont apparus après ? N'a-t-on pas trop de tendance dans les familles, pour des cas semblables, d'user du raisonnement « post hoc, propter hoc », et attribuer à une affection comme cause occasionnelle l'accident, le traumatisme qui n'est qu'un premier effet de cette affection ? En chirurgie osseuse, à tout coup, les parents accusent une entorse ou une luxation, par exemple, d'avoir produit une tumeur blanche, quand une articulation ne s'est entorsée ni luxée que parce qu'elle était déjà affaiblie par la tuberculose. Dans le cas actuel, il se peut que le malade jouant auprès de la mare ait été trahi par ses forces et n'ait fait la chute que parce qu'il était déjà faible des reins, incapable de l'éviter. Nous savons qu'il avait avant de l'incontinence d'urine nocturne ; de plus, les renseignements donnés par la mère, en particulier le fait, qu'une fois rentré chez lui, bien séché et réchauffé, il ne ressentit plus, ni la nuit, ni les jours suivants, aucun malaise attribuable à l'accident, nous permettent peut-être de croire que l'accident n'a joué aucun rôle dans la production de la myopathie.

Cette myopathie présente la forme pseudo-hypertrophique Charcot-Duchenne.

Elle apparaît dans l'enfance, est marquée par une fausse hypertrophie musculaire ; il y a de la faiblesse des membres, surtout de la ceinture pelvienne, qui produit la démarche en canard, le pied-bot équin, les yeux un peu saillants et la bouche béante. Il n'y a pas de contractions fibrillaires, mais chose remarquable, l'examen électrique des muscles jumeaux et orbiculaires révèle la présence de la D. R.

OBSERVATION III

(Due à l'obligeance de M. le professeur Baumel)

Jacques S..., écolier, 15 ans, entre à la clinique médicale infantile le 15 novembre 1901.

Il se plaint d'une faiblesse musculaire généralisée qui le rend impotent.

Antécédents personnels. — L'*enfant* dit n'avoir marché qu'à 3 ans et s'être toujours connu faible et impotent. En dehors de ce qui l'amène il n'a jamais été malade. Pas de convulsions.

Antécédents héréditaires. — *Père* éthylique, présentant les manifestations de la petite hystérie (?) A la suite d'une forte émotion il perd complètement connaissance pendant même une demi-heure, puis revient à lui, pleure, demande pardon et reprend le cours de ses occupations.

Mère morte, il y a six ans, d'une hernie étranglée.

Une *sœur*, 18 ans, nerveuse, est faible d'esprit, court depuis trois ans les hôpitaux. Elle a été soignée dans le service de M. le professeur Grasset pour une chorée rythmique, puis à la Clinique médicale infantile pour une vulvo-vaginite simple consécutive à l'introduction d'un corps étranger dans la cavité utérine (accident pour lequel elle a séjourné à la Maternité. Salle de gynécologie).

C'est de plus une hystéro-épileptique.

Ici encore, rien à signaler chez les grands-parents des deux côtés, tous morts à un âge avancé. Rien non plus comme hérédité collatérale. Une tante paternelle, mariée à un albinos, a deux filles albinos.

Histoire de la maladie. — L'enfant prétend avoir toujours été débile, faible des jambes. Déjà, il y a deux ans, il ne pouvait jouer avec ses camarades, s'accrochait aux murs pour éviter les chutes ; une fois par terre ne pouvait se relever seul. Il allait cependant à l'école, où il arriva péniblement à apprendre à lire.

Aspect extérieur. — A son entrée, nous sommes frappés par l'état débile du malade. Agé de 15 ans, il a le facies d'un enfant de 6 à 8 ans à peine. Sa tête est volumineuse et fait avec le corps tout grêle un contraste remarquable. Ses cheveux sont clairsemés. La face est à peu près symétrique, sauf une légère déviation de la commissure labiale droite. Il y a sur le bord inférieur du maxillaire gauche la cicatrice d'une ancienne fistule par carie dentaire.

Le thorax est complètement amaigri ; la respiration est surtout diaphragmatique.

Circonférence du tronc au niveau des seins : 64 1/2.
   —   — côtes : 63.
   —   — de l'ombilic : 60.

Les *membres supérieurs* sont très longs et très maigres. Circonférence des bras :

D.	G.	
21	21 1/2	au 1/3 supérieur.
15	14	— moyen.
15	15	— inférieur.

Circonférence des avant-bras :

	D.	G.
Au 1/3 supérieur.	18 c.	17 1/2
— moyen.	14	15
— inférieur.	11 1/2	11 1/2

Les membres inférieurs sont aussi complètement atrophiés ; qu'on en juge par les mensurations suivantes :

		D.	G.	
Cuisses. .	{	30	29	1/3 supérieur.
		28	28	— moyen.
		23	23	— inférieur.
Jambes. .	{	24	25	1/3 supérieur.
		26	27	— moyen.
		17	17	— inférieur.

L'enfant peut à peine se tenir debout. Il est obligé constamment de prendre un point d'appui sur les objets qui l'environnent. Il marche alors, les pieds en *varus équin*. Couché, assis, il ne peut se redresser. Il a les pieds tombants. Allongé dans son lit, il ne peut soulever sa jambe gauche. Au dynamomètre, il obtient 1/2 kilo à droite, absolument rien à gauche.

Au point de vue psychique, c'est un faible d'esprit. Il sait lire, mais pas compter. Il n'a jamais ressenti aucun trouble de la sensibilité. Les réflexes sont presque partout abolis. Pas de phénomènes vaso-moteurs. Rien à signaler du côté des autres appareils.

Le traitement a lutté contre la sclérose (iodure de potassium, 0,60 centigr. par jour, dans 2 cuillerées à soupe) et contre l'atrophie musculaire qu'on a essayé sans grande espérance de guérison. Cependant depuis trois mois qu'il suit ce traitement, le malade se sentirait moins faible. Il se rend seul à la salle d'électrothérapie, tandis qu'à son entrée il fallait l'y porter. Il arrive à monter seul un escalier, à se mettre seul debout quand il est assis ; allongé, il soulève, sans le secours de ses mains, le membre inférieur gauche, chose impossible à faire il y a trois mois. Son entourage aussi, le trouve mieux ; nous ne pouvons que lui souhaiter la continuation de ce mieux.

L'examen électrique de la musculature a été fait à plusieurs reprises (29 janvier, 12 avril 1902), par MM. Imbert et Bertin-Sans. Il a porté sur les muscles : jambier antérieur, long péronier, jumeau interne, extenseur commun des doigts, fléchisseur commun des doigts, orbiculaire des lèvres, orbiculaire des paupières. Il n'a révélé aucune particularité à signification précise. A signaler, cependant, une excitabilité galvanique moins grande à droite, en général, et un peu de lenteur dans la contraction du fléchisseur commun droit et gauche. Donc, une certaine tendance à la D R, pour les muscles des membres. L'examen est sans résultat précis pour les muscles de la face.

CONCLUSIONS.

'On le voit : nos trois observations tendent à approuver les tendances actuelles de l'unification des myopathies primitives.

On a voulu dresser entre des formes qui pouvaient, il est vrai, paraître bien distinctes de nombreuses, mais encore insuffisantes barrières. La Clinique riche de faits les renversait.

Toutes les myopathies primitives diffèrent les unes des autres par le moment de l'apparition, par les circonstances étiologiques souvent restées inconnues, par la distribution des lésions, par l'anatomie pathologique, par l'évolution.

Pourquoi vouloir faire entrer de force chaque cas dans un cadre trop étroit ? Mieux vaut les grouper toutes, sous l'étiquette de « myopathie primitive progressive » et s'associer à la conclusion de Charcot, un des patrons de la neuropathologie.

« Toutes les variétés se fondent les unes dans les autres, pour constituer une seule et même entité morbide. »

Evidemment nous sommes ici en présence d'une myopathie généralisée à tous les muscles de la vie animale, ceux de la tête exceptés. Par où l'atrophie a-t-elle commencé ? il serait difficile de le dire, et aujourd'hui il est à peu près impossible de classer ce cas dans aucun groupe ; nous affirmons seulement, qu'il n'appartient pas au type Landouzy-Déjerine.

Il ne présente pas de contractions fibrillaires ; mais il a quelques tendances à la lenteur dans les contractions, qui peut marquer le début d'une lésion nerveuse ou myélopathique.

Encore une fois, ce cas démontre combien la classification des atrophies musculaires est chose difficile et illusoire.

Cependant, ce cas offre deux particularités bien faites pour détruire ce scepticisme décourageant où nous mènent nos conclusions : l'hérédité nerveuse (père alcoolique, hystérique, sœur choréique, hystéro-épileptique) peut être invoquée dans l'étiologie, et les bons résultats obtenus jusqu'à ce jour du traitement électrique.

BIBLIOGRAPHIE

Aran. — Recherches sur une maladie non encore décrite du système musculaire. — Arch. gén. de Méd., 1850.

Ballet et Dutil. — *Revue de Médecine.* Janvier 1884.

Bédard et Rémond. — Arch. gén. de Méd., juillet 1891.

Benoit. — Classification des amyotrophies. — *Médecine moderne*, 1895, n° 51.

Bernhardt. — Nouvelle contribution à l'étude des maladies héréditaires et familiales du système nerveux. Sur la forme spinale névritique de l'atrophie musculaire progressive — Wirchow's Archiv, 133 Band, 1883.

Besançon. — Voyez Lenoir.

Bosc. — Les amyotrophies familiales des extrémités à propos de trois nouveaux cas atypiques. — *Presse Médicale*, n° 19, 26 sept. 1896.

Bourguet. — Amyotrophie progressive primitive (forme juvénile d'Erb) in *Gaz. hebd. des Sc. méd. de Montp.*, mai 1889.

Brissaud. — Conférence à la Salpêtrière, 1890.

Brissaud et Souques. — Myopathie primitive progressive avec attitudes vicieuses extraordinaires — *Bulletin de la Soc. Méd. des Hôp. de Paris*, mars 1894.

Brossard. — Thèse de Paris, 1886.

Cannac. — De l'analogie des différents types de myopathie essentielle. Contribution clinique à l'étude des formes de transition (types mixtes) Thèse Montpellier, 1893 — *Nouv. Montp. Médical*, 1893.

Ceconi. — Atrophie musculaire progressive. — *Rivista Veneta di Scienze mediche*, 1893.

Charcot. — Œuvres complètes. Système nerveux, tome III, 1870.

J.-B. Charcot. — Contribution à l'étude de l'atrophie musculaire progressive, type Duchenne. — Aran, thèse Paris, 1895.

Déjerine. — Poliomyélite infantile ancienne accompagnée d'une myopathie à type scapulo-huméral. — *Méd. mod.*, 23 septembre 1893. — *Revue neurologique*, 1893. — Voir Landouzy.

Duchenne (de Boulogne). — De l'électrisation localisée. — Paris, 1855-1861.

Etienne et Prautois — Voir Prautois.

Erb. — Deutsch Archiv für Klinische Medicin. 1884.

Flandre. — Contribution à l'étude de la myopathie atrophique progressive héréditaire sans neuropathie.— Thèse, Paris 1893.

Guinou. — Nouvelle iconogr. de la Salpétrière, 1893. — Cas de myopathie progressive du type Landouzy-Déjerine avec p. hypertroph. de certains muscles. — Voir Marie.

Grandon. — Relations de l'atrophie musculaire progressive de l'adulte avec la paralysie infantile. — Thèse Paris, 1893.

Grasset. — Leçons de clinique médicale, 1891.

Grasset et Rauzier.— Traité des maladies du système nerveux, t. 1.

Hahn (de Vienne). — Deutsche Zeitschrift für Nervenheilkunden. Oct. 1901.

Hallion. — Les déviations vertébrales neuropathiques. Thèse, Paris, 1893.

Hoffmann. — Atrophie musculaire spin., chronique héréditaire dans l'enfance. — Deutsche Zeitsch f. Nervenheilk. 1893.

Jaccoud. — *Traité de Pathologie interne*, 1869.

Ladame. — *Revue de Médecine*, octobre 1886.

Landouzy et Dejerine. — *Revue de Médecine,* août 1882, février, avril 1883, décembre 1886.

Landouzy. — Le facies myopathique. — Soc. méd. des Hôp. Bulletin d'octobre 1886.

Lenoir et Besançon. — *Revue de Médecine*, 1890.

Leyden. — Arch. f. Physiol. et Charité Annalen, 1878. — *Zeits, f. Klin. med.*, 1879.

Marie et Guinou. — Sur quelques formes cliniques de la myopathie progressive primitive. — *Revue de Méd., oct.* 1885.

Marie et Ouanoff. — Déformation du crâne chez les myopathiques. — *Bull. Soc. méd. des Hôp. de Paris*. 1892.

Marie. — Leçons de clinique médicale. — Hôtel-Dieu, 1894-1895.

Meige. — Myopathies primitives génér. — Nouv. icon. de la Salp., 1894, n° 3. — Voir Richer.

Luigi Concetti. — Sur l'amyotrophie idiopathique diffuse. — *La Pediatria*, pp. 193-211.

Symes. — Compte-rendu de l'Ac. de Méd. d'Irlande, 27 janvier 1899. Une atrophie musculaire.

P. Carcassonne. — Amyotrophies scapulo-thoraciques. — Thèse, Paris 1900.

Th. Guillon et A. Henriot. — Suppléance resp. du diaphr., étudiée aux rayons de Rœntgen, dans un cas d'a. m. pr. myop. — Arch. d'électr. méd. 1899, p. 49.

G. Durante. — La fibre musculaire striée. A lire. P. M., p. 134.

P. Hanchalted. — Trois nouveaux cas d'amyopathie primitive progressive dans l'enfance, p. 445.

Charcot. — Révision nosographique des atrophies musculaires. — *Pr. méd.*, 7 mars 1885.

Erb. — Dystrophie musculaire progressive. — Leipzig, 1891.

G. Guinou. — Deux cas de myopathie progr. type Landouzy-Déjerine, avec pseudo-hypertr. de certains muscles. — Nouv. Iconogr. de la Salpétrière, n° 1, 1893.

J. Abadie et J. Denoyès. — Un cas d'amyotr. progressive dite essentielle avec réaction de dégénéresc. — Nouv. icon. de la Salpétrière, 1900.

Déjerine. — Hérédité dans les maladies du système nerveux, 1896.

J. Fabre. — Etude des rapports de la myopathie primitive progressive avec la dégénérescence. — Thèse, Montpellier, 1896.

Ad. Bosc. — *Presse Médicale*, 26 sept. 1896.

Marmésio. — Un cas d'amyotrophie Charcot-Marie avec autopsie. — Soc. méd. des Hôp. de Paris, juillet 1894.

Möbius. — Volkmann's Sannul. Kl. Vortr, 1879.

Ouanoff. — Voir Marie.

Pomario. — Un cas d'atrophie muscul. juvénile. — Gli incurabili, Napoli, 1896.

Praubois et Etienne. — Myopathie progressive à type f. sc. hum.

Raincèri. — Un cas de pseudo-hypertrophie chez l'adulte. — Riforma medica, 1893.

Rauzier. — Voir Grasset.

Raymond. — Atrophies musculaires et maladies amyotrophiques. — Traité 1889.

Richer. — De la station chez l'homme sain. — Nouv. icon. de la Salpétrière, n° 2, 1894.

— De la station et de la marche chez les myopathiques. — Nouv. icon., n° 3, 1894.

Richer et Meice. — De la station sur les talons chez les myopathiques. — *Revue neurol.*, 30 juin 1894, n° 12.

Sacaze. — Myopathie primitive atrophique. — Arch. de neurol, vol. XXV, n° 75.

Savill. — Un cas d'amyotr. primitive avec réactions électr. anorm. Nouv. icon. de la Salpétrière. 1894, n° 3.

Souques. — Un cas de myop. primitive progr., attitudes vicieuses extraordin. — Nouv. icon. de la Salpétrière, 1894, n° 3.

Strümpell. — Contribution à l'étude de l'atr. musc. progr. — *Revue neur.* (Analyse), n° 17, 15 sept. 1893.

www.ingramcontent.com/pod-product-compliance
Lightning Source LLC
LaVergne TN
LVHW021718080426
835510LV00010B/1024